Inhalt

Multi-Channel-Retailing im Blickpunkt - Kannibalisierung der Kanäle?

[Kernthesen](#)

[Beitrag](#)

[Fallbeispiele](#)

[Weiterführende Literatur](#)

[Impressum](#)

Multi-Channel-Retailing im Blickpunkt - Kannibalisierung der Kanäle?

E.Krug

Kernthesen

- Multi-Channel-Retailing hat sich gut etabliert, denn mittlerweile kaufen die Konsumenten in Mehrkanalsystemen mehr ein als in Einkanalsystemen. (1)
- Die befürchtete Kannibalisierung der Kanäle im Rahmen von Multi-Channel-Retailing findet bei entsprechender Abstimmung und Gestaltung des Systems nicht statt; im Gegenteil: die unterschiedlichen Kanäle begünstigen sich

gegenseitig. (1)
- Der Tiefpunkt im Internethandel scheint überwunden zu sein, die erfolgreichen Konzepte haben sich durchgesetzt. E-Commerce befindet sich wieder im Aufschwung und entwickelt sich zunehmend zum wichtigsten Bestandteil im Multi-Channel-Umfeld. (2)

Beitrag

Multi-Channel-Retailing ist keineswegs mehr neu oder voller Überraschungen. Der parallele und kombinierte Einsatz alternativer Vertriebskanäle, wie z. B. Verkaufsläden, Internet-Shops, Kataloge, hat bei vielen Verbrauchern schon Anklang gefunden. Zwischen diesen unterschiedlichen Absatzkanälen besteht eine deutliche Überlappung des Sortiments. Man unterscheidet zwischen diversen Erscheinungsformen, wie z. B.
- Clicks and Mortar, die Verknüpfung von Internet-Shops mit stationären Geschäften (Beispiel: Palmers, Esprit)
- Clicks and Sheets, die Kombination: traditioneller Versandhandel und Internet-Shop (Beispiel: Otto, Neckermann)
- Clicks, Bricks and Sheets, die Kombination: traditioneller Versandhandel, Internet-Shop und

stationäre Geschäfte (Beispiel: Sport Scheck, Eddie Bauer)
Aktuell stehen allerdings nach wie vor die Kritikpunkte im Fokus; allen voran die Befürchtung, dass sich die Kanäle gegenseitig kannibalisieren könnten. (1), (3), (4), (5)

Multi-Channel-Retailing: Kannibalisierung der Kanäle?

Die Angst davor, dass der Einsatz mehrerer Kanäle zu einem Kannibalisierungseffekt führen könnte, ist unbegründet, wie die Ergebnisse empirischer Untersuchungen bestätigen. Bei entsprechend systematischen Vertriebsstrategien, die es dem Kunden ermöglichen, kanalübergreifend und relativ problemlos alle Kanäle zu nutzen und die ihm die Mobilität gewährleisten, die er sich wünscht, wird Multi-Channel-Retailing zu einem interessanten Marketing-Instrument im Kundenbindungsprozess. Kunden die einen Kanal nutzen, nutzen meist auch die anderen Kanäle, so steigert sich merklich die Chance auf Zusatzkäufe.

Multi-Channel-Systems sind häufiger frequentiert und Kunden kaufen dort mehr als in Einkanalsystemen. Dadurch entsteht ein klarer

Vorteil im Wettbewerb und der Marktanteil kann deutlich erhöht werden. (1), (6) Sicher kann es auch vorkommen, dass die Kanäle gegenseitig zur Konkurrenz werden. Vor allem das Internet könnte klassische Kanäle verdrängen, wie es z. B. die Zeitungsverlage im Bereich Stellenmarkt zu spüren bekommen. Dem kann allerdings erfolgreich entgegengewirkt werden, wenn die Vermarktung über unterschiedliche Kanäle so erfolgt, dass sich diese ergänzen und nicht verdrängen. (vgl. Cases) (1), (3), (4)

Multi-Channel-Retailing: Ziele und Vorteile, aber auch Probleme

Hinter der Strategie, sich dem Kunden mit unterschiedlichen Vertriebsmöglichkeiten zu öffnen, stehen die Ziele:
-Imagesteigerung
-Profilierung gegenüber der Konkurrenz, und vor allem
-Kundenbindung und Neukundengewinnung.
Durch Multi-Channel-Systems können nicht nur kanalübergreifende Angebote gemacht, sondern auch unterschiedliche Zielgruppen angesprochen werden. (1), (3), (7)

Mehrkanal-Kunden machen viel mehr Umsatz als Einkanal-Kunden, wie Erfahrungen aus der Praxis belegen. So kaufen z. B. bei Staples (weltgrößte Büromarktkette) diejenigen Kunden, die sich unterschiedlicher Kanäle bedienen, drei- bis viermal so viel ein, wie Kunden, die nur einen Kanal nutzen. (vgl. Cases) (1), (3)

Das hat seinen Grund, denn Multi-Channel-Retailing bietet auch interessante Vorteile für den Verbraucher. Bei einem Großteil der Konsumenten ist Mobilität ein äußerst wichtiger Faktor. Die Möglichkeit, jederzeit und über unterschiedliche Kanäle konsumieren zu können, kommt dieser Zielgruppe sehr entgegen. (2), (6) Die Verbraucher stellen unterschiedliche Anforderungen und je mehr Kanäle zur Verfügung stehen, desto höher ist die Wahrscheinlichkeit, dass jeder potenzielle Kunde die optimale Lösung für sich findet. (1)

Kritikpunkte

Bei allen Vorteilen gibt es aber immer noch diverse Kritikpunkte: Selbst in der optimalen Situation, dass sich die Kanäle ergänzen und auch aufeinander abgestimmt sind, unterscheiden sich dennoch immer wieder Preise und Produkte; eine Tatsache, die so manchen Kunden verunsichert.

Ebenso findet relativ selten kanalübergreifendes Marketing statt. Kommunikations- und Marketing-Mix-Instrumente sind nicht aufeinander abgestimmt. (1), (5), (7) Speziell bei der Integration des Internets in ein Multi-Channel-System gibt es immer noch genügend Ungereimtheiten, wie das Ergebnis einer Studie des Euro-Handelsinstituts (EHI) bekräftigt. (5)

Multi-Channel-Retailing: Status Internet

Da der Tiefpunkt im E-Commerce überwunden scheint, ist das Internet ein fester Bestandteil, wenn nicht sogar der Hauptabsatzkanal der meisten Multi-Channel-Strategien. (1), (2)

Der Vertriebskanal Internet bringt wettbewerbsbezogene Strukturveränderungen mit sich, zum Beispiel durch
- die Etablierung von Pure-Play-Retailern wie Amazon, die eine wichtige Rolle im Rahmen von B2C übernommen haben
- Intermediation: Neue Handelsstufen, wie das Geprüfter Online Shop-Konzept des EHI, Portale etc.; sie werden gegründet, um als Zwischenstufe zu

fungieren
- Disintermediation: Das Internet dient als Direktvertriebskanal an die Konsumenten (z. B. Esprit, Mexx)
Vor allem durch das Internet können die Unternehmen ihren Kunden die erwartete Mobilität bieten. Bei optimaler Ausgestaltung des Systems ist das Internet ein beinahe unverzichtbarer Bestandteil von Multi-Channel-Retailing. (1), (2), (3), (7)

Fallbeispiele

Beispiele für Multi-Channel-Strategien:

Staples

Die Marketingaktivitäten bei der weltgrößten Büromarktkette finden kanalübergreifend statt, um eine optimale Vernetzung aller Kanäle zu bewirken. Staples wirbt z. B. mit jedem E-Mail dafür, entweder per Katalog zu bestellen oder die Shops aufzusuchen. In den Filialen sind dann Tafeln mit Hinweisen auf das Internet und die Internetadresse von Staples angebracht. Multi-Channel-Kunden kaufen pro Jahr für ca. 800 Euro ein; Kunden, die nur in den Shops einkaufen geben dagegen nur 55 Euro aus. (3)

Stellenmarkt der Süddeutschen Zeitung

Um drastischen Einbrüchen der Umsätze im Bereich Stellenmarkt entgegenzuwirken hat die Süddeutsche Zeitung eine eigene Online-Stellenbörse am Markt etabliert, das Jobcenter der sueddeutschen.de. Die Vernetzung bringt hier große Vorteile, die durch einen starken Namen im Rücken bei der Gewinnung von Anzeigenkunden spürbar unterstützt wird. (3), (4)

Lands End (Textilunternehmen)

Das Textilunternehmen Lands End versucht die stationären Vertriebskanäle und den klassischen Versandhandel zu entlasten, indem es überschüssige Ware im Internet versteigert. (7)

Otto Versand (Hamburg)

Das Unternehmen ist der zweitgrößte Internethändler nach Amazon. Im abgelaufenen Geschäftsjahr sind die Umsätze um 56 Prozent auf 1,7 Mrd. Euro gestiegen. Man erwartet aus dem Vertriebskanal Internet weiter ein dynamisches Wachstum. In diesem Geschäftsjahr wird der Umsatz bereits bei über zwei Mrd. Euro liegen. (3)

Tchibo

Tchibo hat sich nicht nur zum perfekten

Systemgeschäft entwickelt, das Unternehmen hat ganz im Trend ein gut funktionierendes Multi-Channel-Retailing aufgebaut. Es ist fast ein Musterbeispiel für die Vielfältigkeit der Kanäle, wie z. B. Verkaufsshops, TV-Shopping, Internet, Kataloge. (10)

Weiterführende Literatur

(1) Was Multi-Channel-Retailing bringt
aus TextilWirtschaft 07 vom 13.02.2003 Seite 072

(2) "E-Commerce heißt, den Kunden produzieren zu lassen"
aus acquisa, Heft 02/2003, S. 22

(3) Auferstehung des E-Commerce-
aus acquisa, Heft 02/2003, S. 18

(4) "Angst vor Kanibalisierung lähmt das Handeln"
aus acquisa, Heft 02/2003, S. 20

(5) Lückenhafte Integration
aus Lebensmittel Zeitung 11 vom 14.03.2003 Seite 030

(6) EINZELHANDEL UND MOBILITÄT Ohne Internet geht nichts
aus IT Business, Heft 07/2003, S. 23

(7) Worauf es ankommt
aus CYbiz Nr. 03 vom 06.03.2003 Seite 028

(8) Die neue Kauflust
aus werben & verkaufen Nr. 15 vom 11.04.2003 Seite 052

(9) Tele-Shopping trumpft auf
aus HORIZONT 08 vom 20.02.2003 Seite 001

(10) Kaffee mit Clou
aus werben & verkaufen Nr. 09 vom 28.02.2003 Seite 046

Impressum

Multi-Channel-Retailing im Blickpunkt - Kannibalisierung der Kanäle?

Bibliografische Information der deutschen Nationalbibliothek

Die Deutsche Nationalbibliothek verzeichnet diese Publikation in der deutschen Nationalbibliografie; detaillierte bibliografische Daten sind im Internet über http://dnb.d-nb.de abrufbar.

ISBN: 978-3-7379-1574-8

© 2015 GBI-Genios Deutsche Wirtschaftsdatenbank GmbH, Freischützstraße 96, 81927 München, www.genios.de

Alle Rechte vorbehalten. Dieses Werk ist einschließlich aller seiner Teile – z.B. Texte, Tabellen und Grafiken - urheberrechtlich geschützt. Jede Verwertung außerhalb der Grenzen des Urheberrechtsgesetzes bedarf der vorherigen Zustimmung des Verlags. Dies gilt insbesondere auch für auszugsweise Nachdrucke, fotomechanische

Vervielfältigungen (Fotokopie/Mikroskopie), Übersetzungen, Auswertungen durch Datenbanken oder ähnliche Einrichtungen und die Einspeicherung und Verarbeitung in elektronischen Systemen.